Date: 7/2/20

SP J 593.53 HAN
Hansen, Grace
De huevo a medusa

PALM BEACH COUNTY
LIBRARY SYSTEM
3650 SUMMIT BLVD.
WEST PALM BEACH, FL 33406

De huevo a medusa

Grace Hansen

ANIMALES QUE CAMBIAN

abdopublishing.com

Published by Abdo Kids, a division of ABDO, PO Box 398166, Minneapolis, Minnesota 55439.

Copyright © 2017 by Abdo Consulting Group, Inc. International copyrights reserved in all countries. No part of this book may be reproduced in any form without written permission from the publisher.

Printed in the United States of America, North Mankato, Minnesota.

102016
012017

 THIS BOOK CONTAINS RECYCLED MATERIALS

Spanish Translator: Maria Puchol

Photo Credits: iStock, Seapics.com, Shutterstock, ©David Liittschwager p.Cover/National Geographic Creative

Production Contributors: Teddy Borth, Jennie Forsberg, Grace Hansen

Design Contributors: Laura Mitchell, Dorothy Toth

Publisher's Cataloging-in-Publication Data

Names: Hansen, Grace, author.

Title: De huevo a medusa / by Grace Hansen.

Other titles: Becoming a jellyfish. Spanish

Description: Minneapolis, MN : Abdo Kids, 2017. | Series: Animales que cambian | Includes bibliographical references and index.

Identifiers: LCCN 2016947803 | ISBN 9781624026751 (lib. bdg.) | ISBN 9781624028991 (ebook)

Subjects: LCSH: Jellyfishes--Juvenile literature. | Life cycles--Juvenile literature. | Spanish language materials--Juvenile literature.

Classification: DDC 593.5--dc23

LC record available at http://lccn.loc.gov/2016947803

Contenido

Primera etapa................. 4

Segunda etapa................ 6

Tercera etapa 12

Cuarta etapa................ 16

Más datos 22

Glosario....................... 23

Índice......................... 24

Código Abdo Kids............ 24

Primera etapa

Todas las medusas comienzan siendo huevos. Normalmente los huevos se pegan a los **brazos orales** de las hembras. Permanecen ahí hasta que eclosionan.

Segunda etapa

La medusa recién salida del huevo es una larva. La larva de una medusa se llama plánula. Vive por sí sola. Flota por el océano en busca de una roca a la que pegarse.

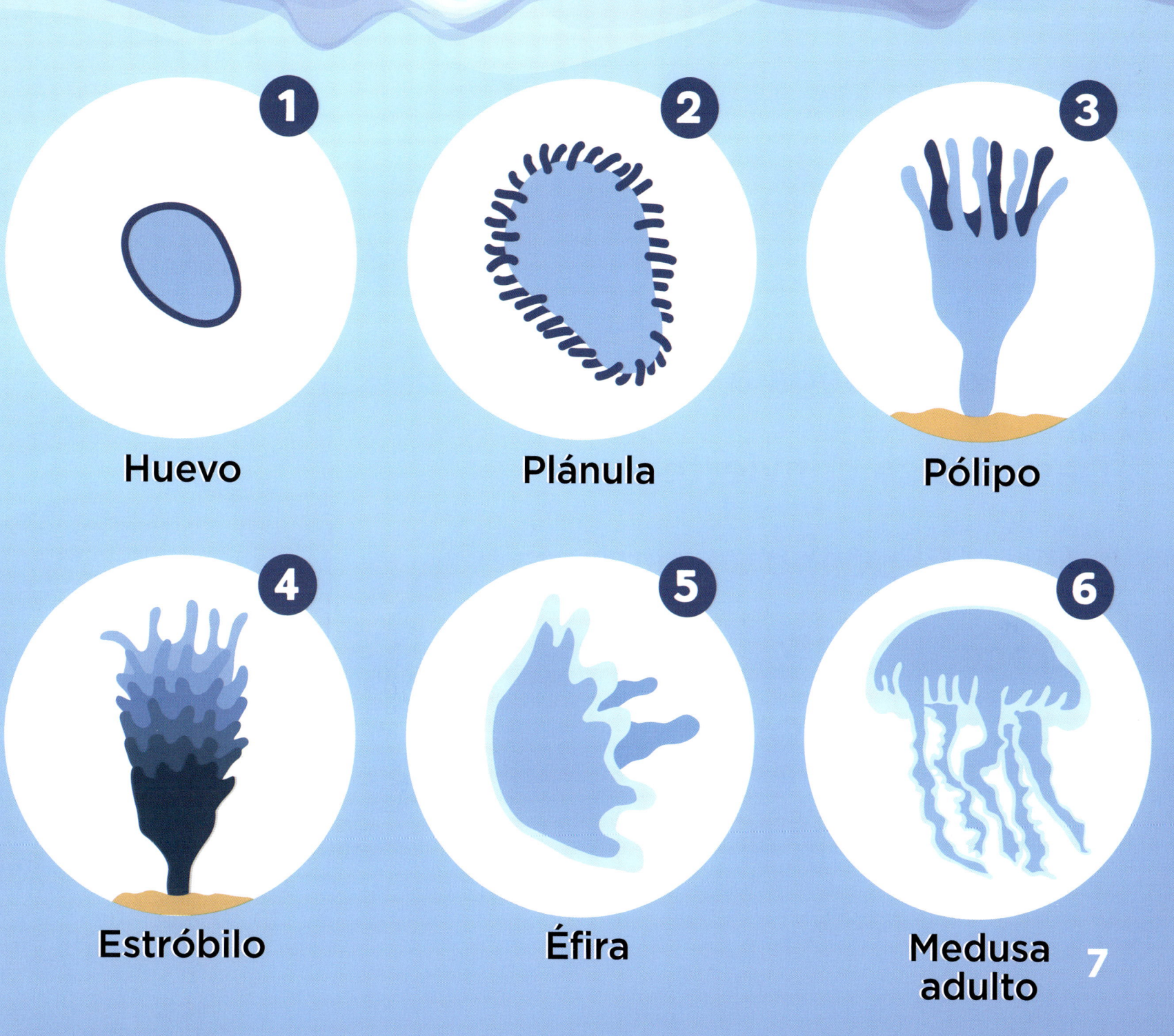

La larva se pega a una roca. Después se convierte en un pólipo. El pólipo se alimenta y crece.

9

Poco después, el pólipo empieza a echar **brotes**. Echa brotes hasta que haya entre 10 y 15 pólipos. Los pólipos se enciman uno arriba del otro. Todos juntos forman un estróbilo.

11

Tercera etapa

Poco después los pólipos se desarrollan por completo. Entonces comienzan a separarse del estróbilo. Se van flotando.

13

El pólipo se transforma en una éfira. Una éfira es una medusa **joven**. Estas diminutas medusas se alimentan de **plancton**.

15

Cuarta etapa

Las éfiras siguen creciendo

y se convierten en medusas.

Las medusas tienen **tentáculos** y **brazos orales**. Se mueven expulsando agua de su cuerpo. ¡Comen plantas, peces y hasta cangrejos!

Las medusas buscan **pareja** para poner huevos. ¡Nacerán más medusas!

Más datos

- Hay más de 4,000 especies conocidas de medusas.

- La más grande es la medusa melena de león. Su cuerpo, también llamado umbrela, puede medir hasta 6 pies (1.8 m) de ancho. ¡Sus **tentáculos** pueden medir 50 pies (15.2 m) de largo!

- ¡Las medusas no tienen corazón, cerebro, orejas, ni huesos!

Glosario

brazo oral – extremidad larga de las medusas, parece un brazo y está cerca de la boca. Le sirve para alimentarse.

brotar – crear un pólipo completamente nuevo del pólipo original.

joven – en proceso de desarrollo o crecimiento.

pareja – cada uno de los dos animales que se juntan para tener crías.

plancton – diminutos organismos que flotan en el mar.

tentáculo – brazo largo y delgado que sirve para atacar a sus presas.

Índice

adulto 16, 18, 20

alimento 14, 16

brazos orales 4, 18

eclosionar 4, 6

éfira 14, 16

huevo 4, 20

larva 6, 8

movimiento 18

pareja 20

plancton 14

pólipo 8, 10, 12, 14

tentáculos 18

abdokids.com

¡Usa este código para entrar en abdokids.com y tener acceso a juegos, arte, videos y mucho más!

Código Abdo Kids:
CBK5116